Alia e Issam

Obra poética

Para ver la obra:
Alia e Issam

Escanea el código QR

Dr. Sultán bin Muhammad Al Qasimi

Alia e Issam

Obra poética en tres escenas

Poesía: Caesar al-Maalouf

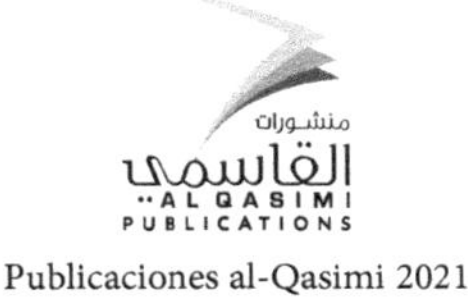

Publicaciones al-Qasimi 2021

Título del libro: Alia e Issam (Obra poética)
Nombre del autor: Dr. Sultán bin Mohammed Al-Qasimi
(Emiratos Árabes Unidos)
Poesía: Caesar al-Maalouf
Nombre del editor: Publicaciones al-Qasimi
Sharjah, Emiratos Árabes Unidos
Edición: Primera
Año de publicación: 2021

Traducida del árabe Por: Mohamad Nazir Homsi
Texto revisado por: Iván de la Rosa Vives

ISBN 978-9948-469-23-0
Autorización de impresión:
Consejo de medios nacionales Abu Dhabi
No. MC-03-01-5159589, fecha: 02-04-2021
"El grupo de edad que corresponde al contenido de los libros ha sido clasificado según el sistema de clasificación por edades publicado por el Consejo Nacional de medios"
El grupo de edad: E

Sharjah, Emiratos Árabes Unidos

Publicaciones Al Qasimi, Al Tarfa, Sheikh Mohammed Bin Zayed Road
PO Box 64009 Sharjah, Emiratos Árabes Unidos
Tel: 0097165090000, Fax: 0097165520070
Correo electrónico: info@aqp.ae

Índice

Reparto:

Narrador

Caballeros de la tribu árabe Rola

Alia

Issam

La madre

Dos grupos de caballeros

Padre de Alia (cadáver)

Lugar:

Un campamento de la tribu Rola, en el desierto **sirio** entre las ciudades **Hama** y **Sham**.

Primera escena

Un desierto donde no hay nada más que una **carpa** beduina de color negro no muy lejos del patio de butacas, donde se ubican las casas de la tribu árabe Rola.

Mientras el narrador relata la historia de Alia e Issam, los miembros de la tribu pasan frente a la **carpa** a caballo.

Luego, Alia e Issam pasan por delante con el aspecto de jóvenes de temprana edad, pastoreando ovejas hacia los pastos.

El narrador: La tribu Rola es árabe, sus palacios son carpas y están situadas entre **Hama** y **Sham, en el desierto sirio.**

Son invasores que siempre buscan sustento

A lomos de caballos que no son humillados

Su pasión, es el asedio a los enemigos

Y su poder, lanzas y flechas.

Si sus hombres cabalgan para una invasión,

No hay cobardes en su grupo,

Y no queda ninguno de los caballeros, excepto la gente joven y el niño destetado.

Alia era una de las más jóvenes de la tribu e **Issam** estaba entre los jóvenes nobles.

Fueron criados como pastores,

Como el resto de los beduinos.

Segunda escena

Alia, con un hiyab en la cabeza, da un paso adelante y junto a ella está Issam, henchido de virilidad, sosteniendo su mano apareciendo de detrás de la **carpa** hasta llegar al frente de la misma.

El narrador:

Allí, las manos juntas ante la gente

Y la cuerda amorosa de sus corazones se anudó,

Y cuando Alia se convirtió en muchacha

Y se hizo necesario para ella cubrirse y ocultar su rostro

E Issam se convirtió en un hombre de brazos fuertes

Con los que blandir la espada,

Su madre le llamó un día

Y le dijo:

Madre:

¡¡Oh, mi espada, oh, **Issam**!!

Por ello Alia huyó mientras la madre salía de la carpa portando un escudo y una espada.

Madre:

Ya que tienes sentido común y que un ejército de alto rango escucha tu opinión y consejos,

Véngate de los asesinos de tu padre

De lo contrario, los honorables árabes te lo reprocharán.

Issam:

¿Mi padre murió asesinado?
¿Cómo se puede matar a un héroe, un comando?
Si nuestros malhechores se quedan, sobrevivirán
Vamos, dime de inmediato quiénes son estos enemigos,
Ya no tengo paciencia.

Madre:

Hijo, levántate, nuestro oponente es el padre de **Alia**.

Toma este escudo, es tuyo, y esta es la espada.

El narrador:

Issam rápidamente montó su yegua.

Caminaba mientras sus lágrimas caían como lluvia

El padre de su novia estaba solo,

Sobre un caballo descansando del paseo de la noche

Y al costado de la carpa, tuvo lugar el duelo

El narrador:

Allí los dos oponentes se batieron hasta que el polvo les cubrió la cabeza.

Issam envió puñaladas sucesivas, quebrantando los huesos de su oponente.

Y volvió a su madre, erguido y satisfecho.

Issam:

(Dirigiéndose a su madre)

Alégrate madre... La afrenta pendiente ha sido resuelta.

(Entonces la madre corre hacia Issam)

Issam:

Buenas noticias madre... La afrenta pendiente ha sido resuelta.

En la escena, se ve a Alia sentada junto al cadáver de su padre. Luego corre hacia Issam.

Tercera escena

El narrador:

Mientras los dos reían

La boca de Alia estaba sangrando, por lo mucho que golpeó su rostro debido al dolor por la muerte de su padre.

Entonces ella gritó:

Alia:

¡Oh, **Issam**!

(La madre corre hacia su carpa)

Alia:

¡Oh, **Issam**! Mi padre fue asesinado

Te invito a vengarte, por el bien de **Alia**, ¡Oh, valiente!

Solo tengo tu apoyo en las desgracias

Si la aflicción prevalece y la calamidad es larga

Issam:

Se optimista, ¡Oh, Alia! Porque soy el mejor cumpliendo promesas.

Verás a su asesino muerto

El narrador:

Y se quedó callado, y sus palabras no fueron completadas.

E inmediatamente hundió su espada en su vientre

Entonces cayó al suelo y sus heridas se convirtieron en las que hablarían por él.

Alia cuando vio a Issam muerto y la sangre brotando de él, le extrajo la espada de su pecho rápidamente y le dijo:

Alia:

No mueras antes que yo

Me vengaré de tu oponente, mi amor

De esta forma, se cumplen las obligaciones y se saldan las cuentas por cobrar.

El narrador:

Ella hincó la espada en su vientre

Y dijo:

Alia:

Adiós al mundo y a todos.

Fin

www.ingramcontent.com/pod-product-compliance
Ingram Content Group UK Ltd.
Pitfield, Milton Keynes, MK11 3LW, UK
UKHW021959190726
13853UKWH00004B/1616